Das Wiesenkonzert

Geschichten aus dem Zipfelhaus

mit Blütenbildern
von Christiane Schlüssel

Das Wiesenkonzert

* 2 *

Frau Maus hat Geburtstag.
Ein ganz besonders schöner
Geburtstag soll es werden.
Deshalb hat sich Herr Mäuse-
rich etwas Tolles ausgedacht:
Ein Ständchen zum Geburts-
tagsmorgen!

Der Beste aller Musikanten darf
es ihr bringen.
Zum Holunderstrauch lädt er
die Freunde.
Ein Jeder soll zeigen ob er ein
guter Geburtstagsmusikant ist.
Als Erste erscheint die Grille.
Zirpt und zirpt in hellen Tönen,
dass selbst die Sonnenstrahlen
ein wenig schwingen.

Dann brummt das Hummelpaar
von der Wiese heran.
Zweistimmig brummeln sie den
Honigblütensong.
Dem Mäuserich kommen die
Töne sehr bekannt vor.
Ist das nicht das bekannte
Mäusekindereinschlaflied?

Höflich hüpft Papa Frosch aus
dem Bach heran und fragt:
„Darf auch ich dir etwas vor-
quaken?"
Schon sperrt er sein Froschmaul
auf, dass die Mücken von selbst
hineinfliegen.
Nun will auch das Spinnen-
mädchen mitmachen.

Flink spinnt sie zwischen zwei
Grashalmen einige Fäden
und zupft mit ihren zarten Bein-
chen eine wundersame Weise.
Nur die Lerche lässt sich gar
nicht erst bitten.
Am hohen blauen Himmel
zwitschert sie vergnügt die
Melodie vom Lerchensommer.
Achje, achje, denkt der Mäuserich, wen soll ich nur auswäh-
len? Alle musizieren sie wun-
derschön und keinen will ich
kränken. Wie soll ich mich
nur entscheiden? Da bimmelt es
zart an Mäuserichs Ohr.

Das Glockenblümchen weiß Rat.
„Nimm sie alle", klingt es ins
Mausflauschohr.
Na klar, denkt der Mäuserich.
Wieso bin ich nicht gleich da-
rauf gekommen!
Er bricht sich ein Zweiglein
und ist der Dirigent, hebt den
Taktstock und das Konzert am
Holunderstrauch beginnt:

*

3

*

Zwitscher, Zirp
und Quak und Summ –
Harfentöne, Hummelbrumm.
Glockenblumenzartgebimmel
unter blauem Sommerhimmel.

Frau Maus, mach auf –
das Tor, die Tür!
Wir alle gratulieren dir!

Der Vogelbaum

Stell dir vor, du würdest einmal auf einem Vogelbaum leben. Was da alles geschehen könnte: Du weißt es nicht?

Lass uns raten: Du könntest mit der Nachtigall Flöte spielen oder müsstest den Trauerschnäpper trösten, weil ihm sein Frauchen einfach auf und davon geflogen ist. Vielleicht schaffst du es auch, mit der Frau Kuckuck ein Nest zu bauen. Denk dir das nicht so einfach, sie legt ihre Eier immer in fremde Nester. Die Lachmöwe bittet dich bestimmt um eine lustige Geschichte, dass selbst die Sperlinge ihre Schnäbel aufreißen müssen. Die Stockente ist stocksauer, wenn du ihr ihren Stock mopsen willst. Der Eisvogel hat sich beim Eismann eine Kugel Eis ersungen und nun lässt er sich vom Storch das Neueste von seiner Afrikareise erzählen. Der kleine Zaunkönig sitzt und wartet auf seine Königin, denn dann gibt es die berühmte Zaunkönighochzeit. Doch der Buchfink kann so lange nicht warten, er hat sich ein Buch geholt, daraus liest er der flinken Bachstelze und Blaumeise vor. Das alles und noch viel mehr geschieht auf dem Vogelbeerbaum. Du musst des Nachts, wenn du nicht einschlafen kannst, dem schwatzhaften Uhu zuhören. Er erzählt es dir, wenn die anderen schlafen.

Der Meistersänger

Hört euch nur den Hahn an!

Sobald die Morgensonne ihre ersten Strahlen losschickt, lässt er sein „Kikeriki" ertönen. Dafür ist er berühmt geworden. Nicht nur hier in seinem Dorf, sondern auch beim großen Sängerwettstreit, dem „Grand Prix de la Kikerion".

Den dritten Preis hat er gewonnen und einen Sack Maiskörner. Nun bewundern ihn alle, die Vögel, die Hennen und loben seine wunderbare Stimme. Nur ein kleines freches Junghähnchen kichert und gluckst.

„Was kicherst du so?", fragt der Hahn streng.

„Wart nur bis der Kuckuck kommt", kräht das Hähnchen, „dann hört dir hier keiner mehr zu."

Der Hahn ärgert sich, aber insgeheim muss er dem Hähnchen Recht geben. Der Kuckuck hat ihn jedes Jahr gestört und ihm den Rang abgelaufen. Nun, da er ein Preisträger ist und einen Sack Maiskörner gewonnen hat, soll sich das ändern.

„Und was willst du dagegen tun?", fragen die Hennen mitleidig.

Doch der Hahn weiß was zu tun ist.

„Gebt nur acht! Gleich werdet ihr sehen, wie ich dem Kuckuck den Garaus mache!".

Aus der Küche des Bauernhauses stiehlt er das Foto vom Kater Max, fliegt damit auf die Spitze der hohen Birke und hängt es dort auf.

Gefährlich blickt der Kater Max nun auf die Welt hinunter.

Das wird den Kuckuck erschrecken und ihn nicht in mein Revier kommen lassen, denkt der Hahn.

Zufrieden fliegt er zu seinen Hennen zurück und lässt kämpferisch sein stolzes „Kikeriki" erschallen, dass man es über sieben Täler und sieben Berge hören kann.

Oh, wie die Hennen ihn bewundern.

*
5
*

Suses Sommerglück

Suse hat einen neuen Puppenwagen
geschenkt bekommen.
Natürlich wollen alle Puppen zugleich
darin spazieren gefahren werden.
Das ist vielleicht ein Gedränge!

Neben Sophie mit den Flachshaaren
liegen Teddy Verschwundenohr und das
Nilpferd. Der Matrosenmann muss in die
Ecke, weil er unbedingt Mundharmonika
spielen will. Das braune Kartoffelmaus-
kind kuschelt sich an Gummischarfzahn
und den Pinguin.

Puppenjunge Max kitzelt die Eskimo-
puppe immer an den Füßen.
Und weil sie so lachen muss, lachen alle
mit, dass der neue Puppenwagen nur so
wackelt.

So eine Spazierfahrt strengt an.
Die kleine Bank lädt zum Verschnaufen
ein.
„Setz dich, Suse", sagt sie.
„Und erzähl mir was."
Suse kennt hundert Geschichten,
neunundneunzig erzählt sie der Bank,
dann muss sie los.
Das Hütchen bleibt zurück und den
Blumenstrauß für die Mutter lässt sie
liegen.
Das verwundert die Bank nicht,
denn Suse ist ein Sausewind.
Und so ist es ihr auch recht, denn
dann kommt Suse bald zurück.
Holt das Hütchen,
holt das Sträußchen,
erzählt die hundertste Geschichte –
vielleicht schon am Abend.
Früher auf keinen Fall,
denn die Bank weiß,
Suse hat große Wäsche heute.
Auf der Leine flattern Strümpfe,
Taschentücher und Hemdchen
von Sophie Flachshaar.

Der Sommerwind fährt knatternd
in sie hinein, aber das Bäumchen hält
die Leine fest.
Da fliegt er allein davon, hin zur kleinen
Bank und in die weite Welt hinaus.

*
7
*

Verkehrte Osterwelt

Haben die Osterlämmer endlich die Eier gelegt
und die Höckerschwäne sie
bemalt
und die diebische Elster sie
versteckt,
dann ist das Fest für die
Langohren gekommen.

Am Waldesrand treffen sie
sich zum Ostermorgen.
Die Hasenväter und die
Hasenmütter und die vielen
Hasenkinder und
die Ostereiersuche beginnt.

Was sie finden, fragst du?
Graskörbchen,
Gutschmeckenester,
Süßkohlblätter,
Schokoeier,
Marzipanmöhren
und vieles, vieles mehr.

Was sie damit machen,
fragst du?
Sie bringen alles zu den
Bienen ins Bienenhaus.
Kennst du denn nicht die
Honigostereiertragehasen?

Alles nur Spaß – jawohl.
Jeder weiß doch, dass die
Osterhasen ihre Eier bei den
Lämmern kaufen und von den
Elstern bemalen lassen.

Oder stimmt das auch wieder
nicht?

Die kleine Wiese

Fünf Schafe weideten Tag für Tag auf der Wiese. Der Sommer hatte Gräser und Blüten hervorgelockt und die Schafe fraßen alles ab. Die kleine Wiese strengte sich mächtig an, um über Nacht genügend Futter für die Schafe wachsen zu lassen. Doch die Schafe wurden groß, ihr Hunger immer größer und die Mäuler immer kräftiger. Eines Morgens hatte die Wiese keine Kraft mehr und blieb kahl.

„Wovon sollen wir satt werden?", fragten die Schafe.
Die Wiese seufzte: „Ich weiß es auch nicht."
Die Schafe sahen sie mit hungrigen Augen an und zupften die letzten Hälmchen.
„Ich bin zu schwach, ihr seid zu stark", sagte die kleine Wiese und schämte sich.
„Das musst du nicht", zwitscherte die Amsel auf dem Baum, „es gibt so viele Wiesen. Geht ein Stückchen weiter", rief sie den Schafen zu, „da hinten schimmert es grün und saftig. Geht nur dorthin!"

„Ist es weit?", fragten die Schafe misstrauisch. Ihr Fell war über den Sommer dicht und schwer geworden, die kleine Wiese hatte sie gut ernährt. „Nah genug, um dahin zu gelangen und weit genug, um die kleine Wiese wieder zu Kräften kommen zu lassen." Die Schafe sahen sich ein wenig bekümmert an, aber dann sprangen sie gierig zum frischen Grün hinüber. „Dank dir, schwarze Amsel", sagte die Wiese und ruhte ein wenig aus.

Keine zwei Tage vergingen, da zeigten sich schon wieder die ersten Hälmchen und Blüten. Irgendwann werden die Schafe sicher wieder auf die kleine Wiese zurückkehren.

Vier Jahreszeiten

Es

war

eine

Mutter,

die

hatte

vier

Kinder,

den

Frühling,

den

Sommer,

den

Herbst

und

den

Winter.

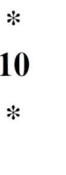
10
*

Der

Frühling

bringt

Blumen,

der

Sommer

bringt

Klee,

der

Herbst,

der

bringt

Äpfel,

der

Winter

den

Schnee.

*

11

*

Die Gärtnerin

In einem großen Blumengarten lebte einmal eine kleine Gärtnerin.
Ein wunderschönes und fleißiges Mädchen, das jedermann lieb hatte.
Sie lebte glücklich in ihrem Blütenreich und hatte doch einen großen Kummer:
Sie war so winzig, so winzig klein, dass sie die blauen Vergissmeinnichtblüten nur um ein Weniges überragte.

„Wer sieht mich schon?", klagte sie dem Schmetterling ihr Leid.
„Ich bin nicht größer als all die Blumen hier."
Dicke Kummertränen flossen in den Kelch des Fingerhutes aus dem sie die Blüten, Beete und Sträucher tränkte.
„Wir sehen dich", sagten die Sommerblumen.
„Wir sehen dich", raunten die Blätter des Baumes.

„Ich seh dich",
flüsterte der Schmet-
terling, „ist das nicht
genug?"
Da schämte sich die
kleine Gärtnerin ein
bisschen und gab
den Blumen, den
Blättern und dem
Schmetterling recht.
Doch insgeheim
blieb ein Schmerz in
ihrem Herzen.

Da wollte es der
Zufall, dass die klei-
ne Gärtnerin ihr Bild
in einem Buch wie-
der fand. Umgeben
von prächtigen Blu-
menbildern,
umrahmt von lusti-
gen Blütentieren sah
sie sich und all jene,
die das Mädchen
mochten.
Sogar der Schmetter-
ling war dabei. Es
waren recht viele
und der Kleinen
wurde es warm ums
Herz.

Zufrieden lebte sie
fortan und verschenkte
ihre Liebe jeden Tag
aufs neue.

*
13
*

Die Igel und die Eulen

Wenn der Mond scheint und die Sterne am Nachthimmel leuchten, erzählen die Eulen den Igeln vom Tag.
„Was habt ihr erlebt?", fragen die Igel neugierig.
„Nicht viel", antworten die Eulen, „da wir doch am Tage schlafen."
„Und was seht ihr denn bei Nacht?"
„Die Berge", berichtet die eine Eule.

„Die leuchtenden Sterne", ergänzt die Andere.
„Riechen die Berge gut?", fragte ein Igelchen.
„Woher soll ich das wissen", entgegnete die Eule, „ich habe noch an keinem Berg gerochen."
„Schmecken Sterne wie Äpfel oder Beeren?", erkundigte sich ein anderes Igelchen.
„Kann ich nicht sagen", erwiderte die kleinere Eule, „ich habe noch keinen angebissen."
„Verstehst du das?", fragte der Igelmann seine Frau, „sitzen da oben herum und wissen nicht wie die Berge riechen und die Sterne schmecken."
Die Eulen ärgerten sich.
„Was erlebt ihr denn da unten schon?", fragten sie böse.
„Wunderbare Dinge", ruft der Igelmann hinauf, „davon könnt ihr nur träumen. Meine Frau knabbert an einem Schneckchen und ich rieche gerade einen saftigen Mäusebraten. Ihr könnt euch ruhig die Berge und die Sterne weiter anschauen."
Aber der Igelmann weiß nicht, wie scharf Eulenaugen bei Nacht sehen können.
Ehe er sich's versieht, ist der Mäusebraten verschwunden und die Eulen lassen sich's schmecken.
Da wird der Igelmann in Zukunft doch achtsamer sein müssen, wenn er sich von den Eulen etwas erzählen lassen will.

Das Entlein und die Libelle

Nein, das Entlein will nicht ins Wasser gehen.

„Ich werde in dem kalten Wasser ertrinken", quakt es jämmerlich.

Nein, das Entlein will auch nicht fliegen lernen.

„Ich könnte abstürzen und mir die Flügel brechen."

Die Entenmutter ist ratlos.

„Schau dir deine Geschwister an, alle haben schwimmen gelernt und fliegen allein über den Teich."

Aber das Entlein hockt und hockt und rührt sich nicht vom Fleck. Die Entenmutter muss fürchten, der Fuchs oder der Habicht könnten kommen und das Entenjunge fressen.

Da schwirrt die Libelle heran, mit zarten Flügeln dem Entchen entgegen.

„Weißt du nicht, was du für wunderbares Essen am Teichrand findest? Süße Knospen, die zartesten Wasserpflanzen und der ganze Teich ist voller grüner Linsen", wispert sie.

Das lässt sich das Entchen nicht zweimal sagen und hast du nicht gesehen, rudert es schnell über das Wasser.

Das Waldfest

Herr Hase und Frau Häsin laden zu einem Waldfest.
„Wohl eine Hochzeit?", fragen die Enten.
„Nein keine Hochzeit", antworten die Hasen.
„Wohl eine Kindstaufe?", fragt die Schnecke.
„Nein, keine Taufe", entgegnen die Hasen.
„Also ein Geburtstag", sagt das Eichhörnchen.
„Kein Geburtstag", erwidern die Hasen.
„Ein Jahrestag für die Möhren?", fragt ein junger Hase.
„Kein Möhrenjahrestag", versichern die Hasen.
„Ein Mäusekindertag?", erkundigen sich die kleinsten Mäuse.
„Auch das nicht", verneinen die Hasen.
„Ein Welttag für die Tiere?", fragt der Specht.

Da nicken die Hasen. Endlich ist einer darauf gekommen, dass die Tiere auch einen Tag im Jahr haben müssen, der nur ihnen gehört. Der Specht hämmert die Nachricht sofort in den Baum und die Lerche trägt es durch die Lüfte: Heute ist unser Tag, ihr Menschen. Dass ihr uns nicht vergesst! So feiern die Tiere des Waldes mit Hase und Häsin.

*

16

*

Was sich die Kätzchen erzählen

Sagt das eine Kätzchen: „Ein Mädchen rief nach mir.
Rief und rief nach einem Mausekätzchen, weil es im Häuschen so schrecklich viel Mäuschen gab. Freche Mäuschen. Sie haben gepfiffen und gerappelt, stahlen Käse, naschten
vom Brot. Da hab ich ihnen – schwupp – einen Garaus gemacht.
Das Mädchen gab mir ein Schälchen Milch und sagte: ‚Hab Dank,
du Mausekätzchen. Komm wieder wenn die Mäuse frech werden.'"
Sagt das zweite Kätzchen: „Eine Junge rief nach mir.
Rief und rief nach einem Schnurrkätzchen, weil er es streicheln wollte,
hat mir ein Schälchen Milch hingestellt und gelockt und ‚miez miez' gerufen. Da bin ich
gegangen, da hat er mich gepackt, in die Ohren gekniffen, am Schwanz gezogen, eine
Dose daran festgebunden, die war laut wie tausend Donnerschläge. Mein Herz wollte vor
Schreck stehen bleiben. Dann kam ein Mann und hat mich befreit, sonst wär ich am Ende
gar gestorben."
Sagt das dritte Kätzchen: „Ein Hund bellte nach mir.
Bellte und wuffte so laut, so böse. Da bin ich vor Schreck den Baum hoch und höher, bis
in den Wipfel. Doch oben ward mir Angst und Bange. Wusste nicht, wie hinunter.
Die Beine wurden mir
schwach. Ich rief und rief,
aber keiner war da, der mich
hören konnte.
Die Nacht kam und der Wind
sprang in die Zweige, kaum
dass ich mich festhalten
konnte.
Ich schrie um mein Leben.
Da kam die Frau, stellte eine
Leiter an den Baum, nahm
mich in den Arm und ins
Haus, gab mir Milch und
Brot und ein Plätzchen am
warmen Herd.
‚Bleib bei mir', hat sie
gesagt, ‚dann sind wir beide
nicht mehr allein.'"
Das haben sich die Kätzchen
erzählt und dann war der Tag
vorbei.

Die eitlen Störchinnen

Einst trafen sich im Auenwald zwei Störchinnen.

„Wohin des Wegs, liebste Freundin?", fragte die Eine.

„Ein wenig einkaufen", sagte die Andere, „die Kinder sind flügge, versorgen sich allein. Bald geht's wieder in den Süden. Man muss auch einmal an sich denken."

Die Störchin nickte zu diesen Worten und dachte so bei sich, geht sie einkaufen, will ich das auch tun, denn beim großen Storchensommerball will man sich doch von der schönsten Seite zeigen.

„Da denken Sie wohl an eine neue Farbe für ihr Federkleid?", fragte sie.

Die Andere klappert entrüstet mit dem Schnabel.

„Wo denken Sie hin. Sind wir nicht stolz auf unser Schwarz-Weiß?"

So gehen sie ihrer Wege, aber der Gedanke an eine neue Federfarbe ließ beide nicht los.

Der Abend kam und ihre Wege kreuzten sich erneut.

Da blieb ihnen der Schnabel vor staunen offen.

„Ja, gibt's denn das!", klappert die eine Störchen böse die Andere an.

„Erst sagen, dass sie stolz auf ihr Schwarz-Weiß ist und dann heimlich eine neue Farbe anlegen!"

Sie standen einander gegenüber und sahen zwei Mohnblüten zum Verwechseln ähnlich.

Die andere Störchin war beschämt. Hätt' ich doch nur mein Schwarz-Weiß-Röckchen behalten, dachte sie, was wohl die Anderen erst sagen werden.

So standen beide und wagten gar nicht in ihre Nester zurückzufliegen.

Die Schwalbe hat alles mitangesehen und es dem Wind und dem Regen erzählt.

Die haben den Mohnblütenstörchinnen ihr altes Federkleid herausgewaschen und herausgeweht.

Und immer wenn der Flug sie über Blütenfelder führte, dann klapperten sich die Störchinnen etwas zu, was nur sie beide verstehen konnten.

Es wird wohl ihr Geheimnis bleiben.

Die braune Bank

Jahraus, jahrein kennt die braune Bank diese Liebesgeschichte. Im Frühling und im Herbst sitzt der Zaunkönig kurzschwänzig und verliebt auf ihrer Lehne. Eine Margerite hält er im Schnabel, zupft Blättchen für Blättchen vom Blütenkopf und fragt wohl nach seiner Liebsten. Das Nest hat er gebaut, mehrere in jedem Jahr, seine Lieder laut heraus geschmettert und mit ihnen seine Sehnsucht.
Nun muss er warten.

*
20
*

Die Bank weiß auch, dass er nicht lange allein bleiben wird. Mit dem letzten Blütenblatt kommt die Liebste herbeigeflogen und folgt seinem Weg. Der führt durch Gräser und Blüten, Hecken und Gesträuch, vorbei an der kleinen Pumpe, die immer ein Tröpfchen Wasser bereithält, hin zu den Hecken am dichten Tann. So geht das jahraus jahrein – die braune Bank kennt das und wartet mit Sehnsucht und Geduld auf das Liebeslied des Zaunkönigs.

Nachwort

Grüße aus dem Zipfelhaus bringt dieses Blütenbilderbuch. Blumen und Gräser werden zu Bildern und erzählen Geschichten auf ihre Art. Kein Pinsel, keine Malerfarbe ist hier am Werk gewesen, dafür hunderte von Blütenblättern, Samenkörnern, Moosen, Farnen und Stängeln. Dies und vieles mehr liegt wohl verwahrt in den großen Schränken der Zipfelhauswerkstatt und wartet darauf, zu Bildern zu werden, die Wände zu schmücken oder Briefpapieren und Karten ein zartes Zeichen zu geben.

Die Blütenbildnerei, wie diese Kunst heißt, gibt der Fantasie großen Raum. Mit Blütenbildern lassen sich auch Tierbilder gestalten. Ein Weidenkätzchen wird zum Igel, ein Gladiolenblatt kann zum Storch werden.

Eine Zauberei, die viel Sorgfalt, viel Wissen um die Natur erfordert. Aussaat und Ernte der Blüten, Trocknen, Pressen und Aufbewahren und schließlich die Kunst, aus ihnen Bilder zu machen – all das vermag die Blütenbildnerin Christiane Schlüssel.

„Natur, die vergeht", so sagt sie, „lebt bei mir, in meinen Bildern weiter."

Hier zu Lande und anderenorts weiß man ihre Kunst seit langem zu schätzen. Blütengrüße und Bilder von ihr finden ihren Weg weit in die Welt hinaus, bis Japan oder Amerika.

Die Bilder für dieses Buch haben ihr besonderen Spaß gemacht und viel Neues hat sie gestaltet. Man muss sehr genau hinsehen, wenn all die versteckten Tiere entdeckt sein wollen.

Auf irgendeiner Seite sind es sogar sechsundzwanzig. Ihr werdet sie schon finden.

*
22
*

Liebe Kinder,

nun werdet ihr wohl auch Lust bekommen haben, Blumen und Blätter zu pressen und euer eigenes Bild zu gestalten. Es macht wirklich Spaß und viel Schönes ist dabei zu entdecken. Ich will euch ein paar Tipps geben, wie ihr es anstellen könnt:

Bei trockenem Wetter pflückt ihr Blumen und Blätter, die euch gefallen.

Ihr legt alles auf Löschpapier und dann in ein dickes Buch, alte Telefonbücher eignen sich hierfür ganz besonders, und beschwert das Buch mit anderen Büchern.

Von Zeit zu Zeit seht ihr nach, ob die Blumen trocken sind.

Das ist wichtig, sonst besteht die Gefahr, sie verschimmeln zu lassen.

Sind die Blumen trocken, nehmt ihr das Löschpapier mit den Blumen oder Pflanzenteilen heraus und hebt sie gut auf, am besten in einem Karton.

Habt ihr genügend gesammelt kann es losgehen mit der Blütenbildgestaltung.

Als Klebstoff nehmt ihr Tapetenkleister oder Holzkaltleim. Vorsicht! Nicht zu viel Leim auf die Blüten streichen.

Als Grundlage dient euch entsprechendes Papier – je nachdem ob es ein Bild oder eine Karte werden soll. Das kann weiß oder auch zartfarbig sein – es muss zu eurem Blütenbild passen.

Viel Freude und Erfolg wünscht euch

Eure

Christiane Schlüssel

23